Kopf hoch, alles wird gut!

Illustrationen von Günther Jakobs
Text von Julia Fuchshuber

GROH

Es gibt Tage, da braucht man
einfach einen Trostbären …

Zum Beispiel
bei kleinen Durchhängern …

… und Bauchlandungen.

Wenn die Situation mal
aus dem Ruder gerät …

… und man das Gefühl hat,
das Wasser steht einem bis zum Hals.

Bei Rückschlägen ...

... oder wenn man sich einfach geirrt hat.

Bei Unwohlsein ...

GRUMMEL

... oder wenn man sich ganz furchtbar
in die Nesseln setzt.

Dann hat man obendrein noch Pech ...

... und kommt vom Regen
in die Traufe.

Andererseits …

Durchhänger sind die Gelegenheit,
seine wahre Stärke zu beweisen …

… und Bauchlandungen nur eine andere Art
der Fortbewegung.

Wenn die Situation aus dem Ruder gerät,
entdeckt man leichter neue Ufer.

Und wenn man mal
ins kalte Wasser fällt, kann das
auch richtig erfrischend sein.

Rückschläge machen das eigentliche Ziel
plötzlich viel deutlicher …

… und ein Irrtum
kann auch nützlich sein.

Die Gründe fürs Unwohlsein
sollte man schleunigst bekämpfen.

HON

Und wer sich hin und wieder in die Nesseln setzt, fördert die Durchblutung.

Manchmal muss man die Dinge einfach
von der anderen Seite betrachten ...

... und es ist ein Naturgesetz:
Auf Regen folgt Sonnenschein!

Kopf hoch, alles wird gut!

Bärenweisheiten

In dieser Reihe sind bisher erschienen:

Das Leben ist wunderbär
ISBN 978-3-89008-535-7

Liebe ist wunderbär
ISBN 978-3-89008-913-3

Kopf hoch, alles wird gut!
ISBN 978-3-89008-648-4

Immer mit der Bärenruhe
ISBN 978-3-89008-559-3

Illustrationen von Günther Jakobs
Text von Julia Fuchshuber

ISBN 978-3-89008-648-4

www.groh.de

077002-4253-01

Ein Lächeln schenken

Geschenke sollen ein Lächeln auf Gesichter zaubern und die Welt für einen Moment zum Stehen bringen. Für diesen Augenblick entwickeln wir mit viel Liebe immer neue GROH-Geschenke, die berühren.

In ihrer großen Themenvielfalt und der besonderen Verbindung von Sprache und Bild bewahren sie etwas sehr Persönliches.

Den Menschen Freude zu bereiten und ein Lächeln zu schenken, das ist unser Ziel seit 1928.

Ihr

Joachim Groh

GROH